AF243442

PRESSE PÉRIODIQUE

DÉPARTEMENTALE.

LIBRAIRIE DE HENRI FERET.

RABELAIS (OEuvres complètes), édition *variorum* , augmentée des *Songes drolatiques de Pantagruel* , et de douze vignettes : 110 fr. Net. . . 60 fr.

MONTESQUIEU (OEuvres), 8 vol. in-8°., cavalier vélin : 60 fr. Net. . . . . 40 fr.

ROUSSEAU (OEuvres complètes), 27 vol. in-8°., cavalier vélin : 202 fr. Net. . . . . 100 fr.

VOLTAIRE (OEuvres complètes), 90 vol. in-8°., cavalier vélin : 7 fr. le volume. Net. . 5 fr. 50 c.

Imprimerie Delaforest (Morinval),
Paris, 34 , rue des Bons-Enfans.

PROGRÈS

DE LA

PRESSE PÉRIODIQUE

DÉPARTEMENTALE ET ÉTRANGÈRE,

PAR

J. Bresson et Bourgoin,

DIRECTEURS DE L'OFFICE-CORRESPONDANCE
POUR LES JOURNAUX.

PARIS.

AUX BUREAUX DE L'ADMINISTRATION
DE L'OFFICE-CORRESPONDANCE,
RUE NOTRE-DAME-DES-VICTOIRES, N°. 16;
CHEZ FERET, PALAIS-ROYAL, GALERIE DE NEMOURS, N°. 25;
ET CHEZ TOUS LES LIBRAIRES DE FRANCE
ET DE L'ÉTRANGER.

NOVEMBRE 1831.

AVANT-PROPOS.

―――――♦―――――

PLACÉS à la tête d'une Administration qui nous met en relation avec tous les journaux des départemens et des pays étrangers, nous nous sommes fait un devoir de contribuer de tous nos moyens au développement de la Presse périodique dans toutes les villes de France et des contrées voisines. L'influence de Paris sur les départemens est sans contredit une des causes premières du malaise général dont on ne peut nier l'existence ; elle est un des plus grands obstacles à la liberté des administrations locales ; elle rend l'administration centrale plus compliquée et plus coûteuse. Diminuer cette influence sans briser les rouages du gouvernement est une des nécessités les plus pressantes de notre époque, c'est une question vitale qui ne peut être résolue que par le secours de la presse périodique départementale ; elle seule peut connaître et signaler les besoins locaux ; elle seule peut demander qu'ils soient satisfaits et indiquer comment ils peuvent l'être. Encourager dans ce but la création de nouveaux journaux partout où il y a une ville un peu importante, telle est la tâche que nous nous sommes imposée; forts de l'appui d'un grand nombre de Pairs, de Députés, de Gens de lettres, nous espérons le concours de tous les hommes éclairés qui aiment sincèrement leur pays.

PROGRÈS

DE LA

PRESSE PÉRIODIQUE

DÉPARTEMENTALE
ET ÉTRANGÈRE.

———————

L'EXPÉRIENCE, qui est au-dessus des théories et des raisonnemens, a prouvé depuis des siècles que lorsque toute la puissance d'un État est concentrée dans sa capitale, il touche au déclin de sa grandeur. Pour parvenir à cette centralisation unique, il faut qu'un gouvernement augmente à l'in-

fini ses agens; il n'est pas un village,
pas un hameau où il n'y ait un fonctionnaire qui ne corresponde avec la
métropole; de là une source de dépenses
énormes, qui retombent à la charge de
tous les contribuables, et diminuent
d'autant les capitaux destinés à l'agriculture, au commerce et à l'industrie.
D'un autre côté, comme tous ces agens
salariés attendent leur avancement et
leur avenir des chefs des administrations supérieures qui résident dans la
capitale, leurs rapports sont souvent
des éloges pour l'autorité; on dérobe
aux yeux des hauts fonctionnaires une
foule d'abus, la situation réelle du
pays n'est jamais exactement connue,
et la société vit sur un mensonge per-

pétuel jusqu'au jour où quelque grande catastrophe éclate pour rétablir l'équilibre.

En supposant même que cette multitude d'employés, de commis, qui couvrent le pays, fussent toujours sincères dans leurs relations avec l'administration centrale, il n'en reste pas moins certain que tant d'affaires multipliées, accumulées sur un seul point du territoire, amènent un encombrement qui produit des retards préjudiciables aux affaires les plus simples, et des délais interminables pour les affaires compliquées ; alors apparaissent ces entraves insurmontables qu'on appelle la filière administrative ; et cette capitale à laquelle on a sacrifié

souvent les réclamations d'une multitude de communes, devient un véritable tombeau où viennent s'ensevelir
les intérêts d'une foule d'individus lé-
sés dans leurs droits.

Il faut le dire, la véritable civilisation ne commencera que du moment
où la centralisation sera détruite ; c'est
à ce but que doivent tendre parmi nous
tous les esprits qui méditent à-la-fois
et notre bien-être et notre splendeur ;
c'est sur ce terrain que le talent et
l'habileté doivent combattre la routine
et l'impéritie.

Quiconque aujourd'hui aspire à devenir utile à ses concitoyens, a pour
devoir de bien étudier d'abord les
besoins politiques et commerciaux de

nos départemens, pour faire tourner ensuite cette connaissance au profit de notre pays.

Au nombre des bienfaits qui doivent nous venir en dehors de Paris, mettons en première ligne la presse périodique départementale. Depuis longues années elle a eu, sans doute, beaucoup à souffrir : abus du pouvoir, procès, attaques violentes, dégoûts de toute espèce, aucun désagrément ne lui a été épargné ; mais elle avait tellement l'instinct des services qu'elle devait rendre, que, subissant le joug des circonstances, elle n'a jamais pu être brisée. Elle n'avait, pour se soutenir dans une carrière si ingrate, ni ces applaudissemens, ni ces bénéfices, ni ces protections réelles qu'on trouve dans les capitales ; seule, sans autre appui que la force de l'opinion publique, elle luttait contre des ennemis qui lui étaient supérieurs ; jamais elle n'a été vaincue ; mais les services qu'elle a rendus et ceux dont on lui est redevable chaque jour sont peu en comparaison du rôle important qu'elle doit jouer dans le monde politique.

Il est juste de dire que depuis quinze mois elle a pris de nouveaux développemens ; du Nord au Midi elle a enfanté des organes courageux et intelligens. Encore quelque temps chaque ville comptera deux ou trois feuilles périodiques qui, expressions différentes des idées, des besoins, des sentimens de la population, avertiront et éclaireront sans cesse le pouvoir. A cet égard, nous sommes encore loin, nous ne dirons pas de l'Angleterre, c'est dans un monde nouveau, qu'il y a peu d'années nous regardions comme préludant à la civilisation, que nous voulons aller chercher nos exemples.

Au commencement du dix-neuvième siècle, les États-Unis avaient, sur un territoire sans limite, une population disséminée çà et là; à peine quelques villes s'élevaient-elles, perdues comme dans les déserts; mais la liberté de la presse périodique existait; elle existait pleine et entière. Le même homme pouvait tout-à-la-fois fondre lui-même ses caractères typographiques, établir une imprimerie, et, comme publiciste et comme homme de lettres, publier un journal où la politique et la littérature se trouvaient réunies; ces frais énormes occasionnés par le fisc, qui écrase les journaux en Europe, ne sont pas imposés en Amérique. Faire un journal, le répandre, est là une œuvre aussi libre qu'une autre.

Avec cette seule puissance de la presse périodique, les États-Unis ont vu tripler l'étendue de leur territoire, le nombre de leurs villes et leurs richesses s'accroître à l'infini. Aujourd'hui encore veut-on fonder une cité nouvelle ; des artisans abattent les arbres qui obstruent leur emplacement, et bâtissent à la hâte des cabanes sur le bord d'une rivière. Chose remarquable ! on voit dans ces bourgades naissantes s'ouvrir, le même jour, l'imprimerie pour le journal et la boutique où le boulanger vend son pain. Ce sont deux besoins que l'on satisfait en même temps ; c'est là tout le secret de la civilisation de l'Amérique, qui bientôt peut-être fera pâlir celle de l'Europe.

Dans les États-Unis, mille journaux circulent, et grâce à la vapeur, ils apportent des nouvelles récentes des points les plus éloignés. Les actes de chaque gouvernement particulier, comme ceux du pouvoir fédéral sont examinés sous toutes les faces ; si une faute est commise , elle est bientôt reconnue et réparée ; enfin, par le secours de la presse périodique, l'industrie, le commerce, reçoivent à toutes minutes des avis, des indications , des renseignemens , qui éclairent leurs opérations, les rendent fructueuses, et, en définitive, utiles au pays. Nul acte arbitraire n'est possible , là où mille voix s'éleveraient ensemble pour défendre l'opprimé. Ce n'est pas tout, ces mêmes journaux exercent une sorte de magistrature populaire devant laquelle tremblent et reculent la mauvaise foi et les mœurs dissolues.

En vain on dira, de graves inconvé-
niens doivent se trouver mêlés à tant
d'avantages; ainsi en Amérique, cette
quantité innombrable de feuilles politiques doit entretenir une agitation
permanente, et le gouvernement, ren-
contrer à chaque pas des obstacles in-
vincibles. Il n'en est rien : chacun
connaissant mieux ses droits et ses devoirs, l'action de l'autorité légale se
développe avec tant de facilité, que,
pour un territoire dix fois plus vaste
que celui de la France, on n'entretient
guère qu'une armée de six mille hommes de troupes réglées (1).

----

(1) En France on compte environ 15,000
hommes de gendarmerie.

Par les journaux, une si grande impulsion est donnée aux entreprises de commerce, aux essais de l'industrie ; un si grand mouvement d'idées a lieu, qu'il règne aux États-Unis une aisance générale pour les masses dont on trouve peu d'exemple en Europe.

L'Angleterre arrive en seconde ligne ; chaque comté qui correspond à ce que nous appelons en France un département, abonde en journaux que la presse multiplie sous tous les formats ; des villes où l'on ne trouve qu'une population de trois mille habitans, possèdent jusqu'à trois journaux ; dans beaucoup de comtés on publie des feuilles politiques qui paraissent tous les jours ; dans d'autres on a créé des gazettes spéciales, qui, destinées à telle classe de la société, sont rédigées d'après son degré d'intelligence et de discernement ; quelquefois même certaines questions qui occupent les esprits, font naître des journaux qui périssent lorsque ces mêmes questions sont parvenues à une solution définitive.

Dans la Grande-Bretagne on considère la coopération à la rédaction des journaux comme un complément aux bonnes études. En 1786, paraissait un journal hebdomadaire intitulé le *Microcosme*, rédigé par les élèves de la fameuse école d'Eton ; cela semblera, aux yeux de certaines personnes,

BIBLIOTHÈQUE ROYALE

une chose fort étrange, qu'une feuille périodique sortie d'un collége, et écrite par des jeunes gens placés loin de la scène du monde; néanmoins ces mêmes personnes seront sans doute moins étonnées lorsqu'elles sauront que c'est par de semblables moyens qu'on forme en Angleterre des hommes d'état; ce fut ainsi que M. Canning commença son éducation politique; il avait fourni, étant au collége d'Eton, un grand nombre d'articles sous la signature B, au journal le *Microcosme.*

Les journaux anglais, dans les comtés comme à Londres, ont fait une vaste part aux annonces si utiles aux entreprises commerciales et industrielles. On a calculé que dans l'année 1830 seulement, les annonces ont formé le nombre gigantesque de 1,092,851; toutes avaient payé au fisc le droit de 3 schellings 9 deniers, soit environ 4 fr. 35 centimes argent de France. Pour cette même année 1830, le produit du timbre sur la presse périodique, a été de 10,970,671 fr. pour l'Angleterre, de 1,057,528 fr. pour l'Écosse, enfin de 329,373 fr. pour l'Irlande.

On publie dans les comtés en An-gleterre environ deux cent quatre-vingts journaux, parmi lesquels nous ne comprenons point les revues, ni les recueils et magasins scientifiques et littéraires. La presse périodique, dans les comtés, serait parvenue à un degré de publicité encore supérieur, si des impôts énormes sur le timbre et la presse (comme nous venons de l'établir), n'absorbaient une grande partie du profit. M. Canning était tellement convaincu que la prospérité future de la Grande-Bretagne tenait au sort de la presse périodique, qu'il avait résolu, surtout dans l'intérêt des provinces, d'abord, de diminuer les frais de timbre et de port, espérant plus tard les faire disparaître. Mais la mort l'a arrêté dans l'exécution de cette grande, généreuse et surtout utile idée.

Depuis, l'industrie britannique a été poussée si loin, que pour éluder l'impôt du timbre, on vient de publier à Londres un journal imprimé sur coton, intitulé : *Political Handkerchief* (Mouchoir politique), qui se vend à moitié du prix des autres feuilles politiques.

Maintenant passons à la presse périodique en France. Nous avons vu, avant d'entrer dans les détails qui la concernent, qu'il était indispensable de les faire précéder d'exemples empruntés aux deux peuples du globe qui ont fait le plus de progrès dans la liberté, la richesse et le bien-être. Reconnaissons d'abord que l'éducation primaire parmi nous laisse beaucoup à désirer; sur ce point nous sommes bien arriérés de nos voisins qui vivent sous un gouvernement plus ou moins absolu.

Il y a telle partie de la France (la Touraine) où sur mille individus qui se présentent chaque année au tirage de la conscription, il s'en trouve plusieurs centaines qui ne savent ni lire ni écrire. L'Ardèche est dans le même cas. Dans le Loiret, qui n'est qu'à trente lieues de la capitale, il faut recourir à des moyens de persuasion pour décider les habitans des campagnes à envoyer l'hiver leurs enfans dans des écoles où on leur donne des leçons gratuites. Dans beaucoup de communes du Midi, à l'exception de quelques hommes appartenant à la bourgeoisie, tout le reste des habitans languit dans une ignorance devenue héréditaire;

elle se transmet avec le même soin que la fortune. Aussi il y a dans les mœurs, dans les idées, dans les habitudes de ces individus une immobilité qui arrête toute amélioration.

Cet état de choses est déplorable ; il convient vite d'y porter remède ; on ne le trouvera que dans les nouveaux développemens qui seront donnés à la presse départementale. Il ne faut pas se le dissimuler, là est notre salut pour le présent et tout notre espoir pour l'avenir. Les journaux seuls, en naissant sur tous les points de la France, feront sentir à toutes les classes de la population qu'il n'y a qu'un moyen pour elles de relever leur position : c'est de travailler à s'instruire, c'est de faire apprendre à leurs enfans les premiers élémens de l'éducation.

Quand les habitans des campagnes auront acquis la preuve et la conviction que leurs voisins qui savent lire sont plus habiles à diriger leurs affaires, à soigner leurs intérêts, qu'ils observent une conduite plus morale, et qu'ils possèdent en conséquence une certaine considération, ils feront des efforts pour sortir de leur ignorance ; lorsqu'ils verront un simple cultivateur, leur parent, ou leur ami, recevoir un journal et en faire la lecture à sa famille, exercer, s'il est électeur, une certaine influence dans sa localité, ils s'abonneront comme lui pour s'instruire des affaires publiques, ils acquerront ainsi des idées nouvelles qui en feront des hommes utiles et éclairés.

On n'aura plus à craindre parmi les populations des petites villes et des campagnes les excès déplorables qui ont souillé la première révolution ; chaque cultivateur, chaque ouvrier possédera le discernement du bien et du mal. L'ignorance est mère de tous les crimes ; c'est faute de savoir apprécier la nature des actions, qu'on tombe souvent dans une fausse route.

Sous le rapport de l'instruction populaire, il importe de considérer la presse périodique départementale ; c'est son plus beau titre aux yeux des amis de l'ordre, de la tranquillité et du bien-être des diverses classes de la société ; aussi est-il dans l'intérêt des riches de faire de légers sacrifices pour fonder dans chaque localité un journal ; c'est le genre d'influence le plus salutaire que, dans l'état actuel de nos lois politiques, les propriétaires puissent exercer, ce sera une influence de bien qui aura les plus heureux résultats ; on sera moins jaloux des bienfaits de la fortune, toutes les fois qu'on verra les hommes riches s'occuper de créer des journaux pour défendre les intérêts populaires ; ils exerceront une puissance de vertu qui leur vaudra, dans des momens pénibles ou de crise, un empire de tous les instans.

Les principaux habitans d'une petite ville n'auront pas plutôt établi
des feuilles périodiques, et répandu
par-là les principes de la civilisation et
d'une éducation morale, qu'ils seront
surpris eux-mêmes des avantages pé-
cuniaires qu'ils en retireront; une activité nouvelle sera imprimée aux affaires, la routine en agriculture dispa-
raîtra, les bras des mendians seront
occupés, les capitaux inactifs circule-
ront, on tentera dans le commerce et
l'industrie des voies nouvelles; l'esprit d'invention s'étendra et se perfec-
tionnera. En Angleterre, ce sont de
simples ouvriers dont les dispositions
et les moyens naturels se sont déve-
loppés par la lecture des journaux,

qui ont établi et perfectionné ces machines ingénieuses qui font la fortune de leur patrie et l'admiration du monde entier. En France combien d'exploitations industrielles sont inactives, pour être placées dans des lieux peu connus? Que de matériaux restent sans emploi, sans débouchés, dans de petites villes de provinces, faute d'être annoncés par la voie des journaux.

Dans ces mêmes lieux, dans ces mêmes petites villes, voyez paraître des journaux ; après s'être occupés des affaires publiques, ils entretiendront leurs lecteurs d'une foule d'objets domestiques qui favoriseront le goût des entreprises utiles et lucra-

tives. Quand on a parcouru avec at-
tention nos provinces, on est surpris
des richesses qu'elles renferment, on
l'est encore davantage de voir telle
denrée qu'on prodigue et gaspille sur
certain point, tandis que, faute de
communication, elle manque, ou se
vend très cher sur d'autres. Nous le
répétons, que la presse départementale prenne l'accroissement qu'exige
l'état politique de nos mœurs, nos
quatre-vingt-six départemens rivalise-
ront entre eux de zèle et d'activité;
les richesses et les lumières pénétre-
ront jusqu'aux extrémités les plus éloignées; il n'y aura plus de ces dispa-
rates choquantes qui existent entre nos
départemens du Nord et certains dé-

partemens du centre et du Midi, entre des Français du même âge. On ne rencontrera pas de ces différences qui sont telles que les uns semblent en avant de trois siècles sur les autres; il y aura une sorte d'équilibre général.

Dans plusieurs villes importantes on ne trouve encore que de simples feuilles d'affiches, annonces et avis divers; les difficultés que certaines autorités locales ont si souvent fait naître, ont rendu pénibles les fonctions de journalistes dans nos départemens; ces derniers ont d'autres devoirs à remplir que ceux de la capitale, ils laissent aux rédacteurs de Paris le soin de discuter les questions de haute politique; les rédacteurs de province ont un rôle moins brillant, il est vrai, mais non moins utile, c'est de signaler les améliorations ou les obstacles que trouvera l'application de chaque projet de loi, ou de chaque mesure ministérielle, dans les mœurs et les besoins du pays où ils écrivent, en sorte que chaque journal de département devienne une source de renseignemens et d'observations utiles pour les administrateurs, pour le gouvernement et pour les députés de leur circonscription électorale, surtout si, comme beaucoup de membres de la Chambre élective, ils sont pris dans des villes éloignées du lieu de leur nomination. Il y a trop long-temps qu'on s'occupe de généralités à la tribune des députés, qu'on se perd dans des doctrines et des théories; il y a nécessité qu'on s'y occupe sérieusement des intérêts généraux de la France, pour cela il faut bien les connaître, et par la presse périodique départementale seule on y parviendra.

Mais pour arriver à ce but, les rédacteurs des départemens doivent éviter avec soin que leurs colonnes soient remplies par des extraits nécessairement pâles et décolorés des journaux de la capitale; ils doivent avant tout se soustraire à l'influence de la métropole, et n'écrire que sous l'inspiration du sol qu'ils habitent; leurs articles doivent être empreints de ce cachet.

d'originalité qui décèle le caractère et l'esprit de nos provinces; ils doivent éviter de fatiguer le lecteur par des discussions dont les feuilles parisiennes l'ont déjà rassasié; ils s'attacheront surtout à se procurer des correspondances particulières qui donneront à leurs écrits périodiques l'attrait et le piquant de la nouveauté. La *Gazette d'Augsbourg*, le *Correspondant de Hambourg*, qui sont les journaux de l'Europe, ayant le plus grand nombre d'abonnés, doivent leurs succès aux lettres particulières qui leur fournissent une foule de faits originaux.

Il ne faut point se laisser effrayer par la dépense qu'exige la fondation d'un journal : dans toute espèce d'en-

treprise il y a une mise de fonds indispensable; pour celle-ci il en faut très
peu, d'après le mode généralement
suivi d'organiser pour cet objet une
société d'actionnaires, qui ne versent
qu'à des époques déterminées une fraction minime de la valeur nominale de
leurs actions; il en résulte que, pour
peu que le journal ait du succès, les
actionnaires ne sont jamais obligés
d'acquitter entièrement le montant des
actions, attendu que les rentrées des
abonnemens et du produit des insertions d'annonces ne sont pas long-
temps sans suffire aux frais de rédaction, d'impression et de correspondance. On aura toujours soin, dans
le commencement de la création d'un

journal, d'adopter un format et des jours de publicité plus ou moins fréquens, en raison du nombre de lecteurs qu'on peut espérer ; plus tard, lorsque le journal aura obtenu des succès et qu'il sera consolidé, on pourra agrandir le format, et rendre plus fréquens les jours de publicité, jusqu'à ce qu'il arrive à être quotidien.

La naissance d'un journal dans une ville ne sera pas long-temps sans donner une impulsion inattendue aux travaux ; des genres d'industrie dont on n'avait pas même l'idée surgiront de tous côtés, d'après le soin que ne manqueront pas les rédacteurs de consacrer une partie de leurs colonnes à donner des articles relatifs aux progrès de l'agriculture et de l'économie domestique. Surviendra-t-il un commis-voyageur, un négociant, de suite il fera savoir son arrivée dans les colonnes d'annonces, et en vingt-quatre heures, il aura débité dans la ville plus de marchandises qu'il ne l'aurait fait précédemment en huit jours. En général, la vie ne peut être douce et aisée que là où il y a progrès dans l'intelligence ; il faut que celle-ci soit dans une espèce de travail perpétuel : la presse périodique amènera pour les départemens cette situation si désirée.

Il est telle petite ville qui a dû les richesses dont elle a joui plus tard à un de ses habitans, qui, génie remarquable dans les sciences, est parvenu à faire créer au milieu de ses compatriotes une école, dont, plus tard, on a fait un collége. Un journal, qui présente la réunion de plusieurs hommes de mérite, produira des effets bien plus étendus et bien plus heureux; l'activité morale qu'il entretiendra fera expirer toutes les haines mues par l'oisiveté, toutes les petites rivalités locales; elles s'éteindront dans un mouvement nouveau donné aux affaires d'intérêts devenues plus nombreuses et plus lucratives, et on sera ainsi conduit plus directement à l'amour du bien public.

Les actes arbitraires sont rares dans les grandes villes, parce que à côté du pouvoir qui voudrait abuser se trouve toujours la presse qui veille pour le contenir. L'homme le plus obscur croit-il, à Paris, être lésé dans ses droits, il entre aussitôt dans le bureau d'un journal ; là il écrit quelques lignes. Si ses griefs sont fondés, dès le lendemain toute la capitale s'émeut pour lui. Le pouvoir supérieur, averti par l'opinion publique, prend des renseignemens ; si un fonctionnaire est coupable, il est puni.

Peut-on espérer une aussi prompte justice dans une petite ville qui n'a pas même une feuille périodique ! L'homme qui a été lésé s'adresse-t-il à l'administration supérieure, celle-ci prend des renseignemens auprès du fonctionnaire même contre lequel la

plainte est formée; ʳce dernier est à-
la-fois juge et partie intéressée : il est
donc bien difficile d'obtenir justice.
Un journal, quelque petit qu'il soit,
existe-t-il dans cette même localité,
il intervient, c'est un tiers désinté-
ressé, tout le monde le lit ; il se forme en faveur de l'opprimé un concert
de démarches, de représentations,
qui arrivent, sans perte de temps,
jusqu'au fonctionnaire; si, sollicité,
il refuse réparation du dommage ré-
clamé, le journal qui en a rendu
compte en parle de nouveau d'une
manière plus sévère et plus énergique ; le numéro qui contient cet ar-
ticle parcourt toute la France, l'acte
arbitraire imprimé se répand dans

le trajet qu'il parcourt, les journaux de Paris se joignent eux-mêmes
à la feuille de la petite ville, l'indi-
gnation devient générale, et au bout
de quelques jours, le retentissement
est si fort, que justice est rendue à
celui auquel d'abord elle avait été re-
fusée. Les fonctionnaires publics,
avertis des suites d'une mesure arbitraire, n'osent plus alors signer légè-
rement des actes administratifs dont
ils peuvent avoir à rendre compte à
tout un pays.

Un incendie, une inondation, ar-
rivent-ils? Si un journal existe dans
la localité où est survenue la catastrophe, il en retrace sur-le-champ
tous les détails; la sensibilité est émue,

une souscription est ouverte, des secours abondans arrivent pour répa-
rer aussitôt le mal. Mais que devenir
s'il faut attendre qu'un journal étranger entretienne le public d'événe-
mens qu'il ne connaît pas bien lui-
même ? Quel intérêt pourra-t-il y
prendre ?

Y a-t-il nécessité pour une ville
d'obtenir la construction d'un pont,
d'un canal, d'un chemin, ou la réparation d'une route ? Il s'écoulera
bien du temps avant que la demande, les rapports, les approba-
tions des autorités locales soient en-
voyés et soumis à Paris à l'examen
de l'administration centrale ; s'il sur-
vient dans l'intervalle quelques mu-

tations dans le haut personnel de l'administration , la marche sera chan-
gée , il faudra recommencer une nouvelle demande , de nouveaux rapports , obtenir de nouvelles appro-
bations et attendre les délais interminables de toutes ces démarches pour
arriver à un résultat douteux. Mais
si la ville possède un journal dont
les rédacteurs, hommes courageux ,
plaident publiquement les intérêts
des habitans , et fassent sentir les
nombreux avantages de la construction du pont, du canal, du chemin ,
etc. , que l'on demande , vous réveil-
lez le patriotisme du pays, vous exci-
tez l'intérêt des riches : une compa-
gnie par actions est formée, et moyen-

nant un droit de péage, ou certaines concessions, les actionnaires sont promptement autorisés à faire les constructions utiles aux départemens.

Sans doute une amélioration digne d'éloges s'est déjà opérée parmi nous. Il y a quinze mois, la France ne comptait guère qu'une centaine de journaux de départemens, aujourd'hui elle en a plus de deux cents; c'est encore beaucoup au-dessous des comtés de la Grande-Bretagne. La France a donc encore des efforts à faire, c'est à elle à ne pas se laisser vaincre dans cette lutte toute de civilisation; néanmoins, nous le répétons, il faut rendre justice à ce qui a déjà été fait.

Ainsi à Montpellier, où il n'y avait

qu'un journal, on en compte maintenant quatre; Orléans, qui ne possédait qu'une feuille, en publie trois; à Marseille, trois nouveaux journaux ont été créés, et deux à Lyon. Strasbourg, dont la presse périodique était si languissante qu'elle n'avait qu'une feuille, en fait paraître quatre. Rouen a vu ses organes se multiplier; il en est de même à Lille. Enfin, dans beaucoup de localités où il n'y avait qu'un journal politique, il s'en trouve à présent deux et même souvent trois; ou bien encore les feuilles qui n'avaient de publicité qu'une fois la semaine, paraissent tous les deux jours : plusieurs même sont devenues quotidiennes.

Il nous reste encore à examiner la presse périodique départementale sous un nouvel aspect.

Les citoyens sont chargés de mettre en action une foule de lois dont le pouvoir seul avait jadis l'exécution. Il s'agit et des élections municipales et de celles de la garde nationale. Il sera difficile de se tromper sur les choix, lorsque des journaux écrits sur les lieux fourniront des renseignemens précis sur la capacité et les antécédens de ceux qui se mettront sur les rangs. Beaucoup d'intrigues seront déjouées; et c'est sur sa conduite, sur ses actions, que chaque candidat sera jugé : il n'y aura plus place pour l'erreur.

Si des élections municipales et de celles des officiers de la garde nationale, nous remontons à un degré plus haut, nous voulons dire aux élections des députés, les résultats seront encore plus satisfaisans; on ne pourra plus, comme très souvent nous en avons été les témoins; on ne pourra plus, disons-nous, en quittant le lieu ou l'on a passé la plus grande partie de ses années, se rendre dans un département éloigné pour tromper la bonne foi des électeurs; au moyen de journaux qui traverseront la France, la vie de tout homme qui a été en évidence, sera divulguée dans ses plus petits détails. Encore quelque temps, et il n'y aura que des hommes recommandables qui pourront prétendre à faire partie de la Chambre élective.

Il convient que chaque département soit une fraction agissante dans le gouvernement général de la France; que tous les actes des pouvoirs municipaux et des autorités locales ne soient point dictés par le télégraphe ou par des arrêtés ministériels. Jusqu'à présent l'existence du gouvernement a été concentrée dans les murs de la capitale. Quand Paris a été occupé par l'ennemi, les étrangers n'avaient encore envahi qu'un quart du territoire, et néanmoins toute la France était soumise, parce que les préfets, accoutumés à n'agir que sur les ordres qu'ils recevaient de Paris, se sont trouvés seuls et sans appui : il n'y a donc plus eu de gouvernement en France, du moment où il n'y en avait plus à Paris. Notre situation n'a guère changé à cet égard; pour rendre la France énergique et forte, pour que l'État exerce une action puissante depuis le Rhin jusqu'aux Pyrénées, émancipez les départemens ! que la presse périodique les affranchisse du joug du monopole ! que chaque ville ne reçoive point tout de Paris : ordonnances, décisions ministérielles, fonctionnaires, magistrats, commis, artistes, productions littéraires, etc., etc. ! Habitans des départemens, travaillez à vous soustraire à l'influence de la capitale! exprimez, chaque jour, dans des écrits périodiques, vos idées, vos besoins, vos opinions, vos goûts, votre caractère national! Alors les intérêts de tous seront connus et défendus, et notre patrie jouira d'une prospérité nouvelle.

ANNONCES

DANS LES

JOURNAUX DES DÉPARTEMENS

ET DES

Pays Étrangers,

Pour le Commerce, l'Industrie, les Sciences,
la Littérature et les Arts,

A

L'OFFICE - CORRESPONDANCE

FONDÉ PAR ACTE PASSÉ CHEZ M^e. ROUSSE,
NOTAIRE,

Sous la Raison Sociale

J. BRESSON et BOURGOIN.

*Les Bureaux, ouverts de 9 heures du matin
à 2 heures,*

SONT ÉTABLIS A PARIS,

RUE NOTRE-DAME-DES-VICTOIRES,
N°. 16.

*ÉCRIRE FRANCO, LES LETTRES NON AFFRANCHIES
SERONT REFUSÉES.*

Il est juste, il est nécessaire que la presse périodique départementale soit employée à faire connaître et
à propager les découvertes et les procédés utiles au

Commerce, à l'Industrie, aux Sciences, à la Littérature et aux Arts, en un mot à tout ce qui peut contribuer aux progrès de la civilisation et au soulagement de l'humanité. **FAIRE LES INSERTIONS D'ANNONCES** dans les Journaux des départemens et des Pays Étrangers, c'est ouvrir de nouveaux débouchés pour l'écoulement des denrées et des marchandises, c'est favoriser des communications récentes, améliorer et rendre plus actives celles qui existent. De tous les élémens de succès susceptibles de concourir au développement de la richesse publique, ceux qui peuvent pour une minime rétribution procurer au Commerce en général un débit prompt et assuré sont les plus efficaces et les plus précieux.

Dans les Journaux politiques Anglais et Américains, sur vingt-quatre colonnes de dimension grand in-folio on voit communément quinze à seize colonnes consacrées exclusivement aux Annonces. Le *Mercantile Advertiser* qui se publie à New-York a ses vingt-quatre colonnes grand in-folio toutes remplies d'Annonces. En France, nous sommes encore loin de nous servir avec autant d'étendue de ces moyens pour féconder l'Industrie Commerciale. **L'OFFICE-CORRESPONDANCE** de MM. J. BRESSON et BOURGOIN s'est imposé cette tâche ; il a pour but spécial de faire des Insertions d'Annonces dans tous les Journaux des villes des Départemens et de l'Étranger.

Mais, dira-t-on, est-ce que les Annonces faites

dans les Journaux de Paris, qui vont dans les quatre Parties du Monde, ne contribuent pas à faciliter l'écoulement des marchandises, la vente des productions littéraires et des ouvrages d'art ? Oui, sans contredit, mais il faut ici considérer l'esprit qui anime les habitans des Provinces, l'attachement pour les localités, les habitudes urbaines et communales, la confiance des gens d'une ville pour le Journal ou la Gazette qu'on y imprime ; les Journaux de la Capitale ne suffisent point aux besoins politiques de la France ; chaque ville un peu importante a une ou deux ou trois Feuilles périodiques destinées spécialement à exprimer l'esprit et l'opinion de la majorité de ses habitans ; de même les Annonces dans les Journaux imprimés à Paris ne suffisent point aux besoins du Commerce et à l'activité toujours croissante de l'Industrie : c'est aux Journaux des villes de la Province et des Pays Étrangers que le véritable Spéculateur s'adresse principalement avec succès pour la vente des produits en tous genres, et pour faire connaître au public, savoir :

Publications de Librairie.	Fabriques.
Journaux nouveaux.	Manufactures.
Ouvrages périodiques.	Dépôts de Marchandises.
Maisons d'Éducation.	Procédés nouveaux.
Écoles de Sciences, Lettres et Arts.	Mécaniques perfectionnées.
Compagnies d'Assurances Maritimes, contre l'Incendie, sur la Vie.	Brevets d'invention et d'importation.
Sociétés Anonymes.	Machines à vapeur.
Messageries.	Remèdes, Spécifiques préservatifs contre les maladies.
Exploitations de Diligences.	Maisons de Santé.
Arrivées et Départs des Navires.	Ventes de Biens et Immeubles, etc., etc.
Services de Bateaux à vapeur.	
Maisons de Roulages.	

Et autres établissemens et objets divers qui peuvent tendre à l'accroissement du Commerce, à la prospérité des Arts et à donner de la célébrité aux Artistes, Inventeurs, Hommes de lettres, etc., etc.

Douze années passées honorablement et avec succès dans les Affaires de Commerce, des Capitaux plus que suffisans pour exploiter sur de larges bases **L'OFFICE-CORRESPONDANCE**, une *grande célérité*, une *exactitude scrupuleuse*, un *prix modéré*, l'engagement pour les Journaux des Départemens de montrer, dans la quinzaine qui suit la demande d'insertion, les numéros des Journaux où devront être les Annonces convenues; l'obligation de justifier les Annonces pour les Journaux étrangers dans un laps de temps proportionnel aux distances des villes; tels sont les titres des chefs de **L'OFFICE-CORRESPONDANCE** à la confiance du public.

N. B. Pour prévenir tout abus de confiance de la part des Colporteurs relativement aux Annonces, cet Etablissement n'en emploie aucun; c'est aux Bureaux seuls de l'OFFICE - CORRESPONDANCE, situés rue Notre - Dame - des - Victoires, No. 16, qu'on doit s'adresser pour traiter des Annonces.

Imprimerie de Piban Delaforest (Morinval),
Paris, 34, rue des Bons-Enfans.

Tarif

DE

L'OFFICE - CORRESPONDANCE

DE

MM. J. BRESSON ET BOURGOIN,

POUR

LES ANNONCES
Dans les Journaux
DES DÉPARTEMENS
Et des Pays étrangers.

Les Bureaux de l'Administration sont

Rue Notre-Dame-des-Victoires, N°. 16.

FRANCE.

	Prix par ligne.
AGEN. *Lot-et-Garonne.* — Journal de Lot-et-Garonne.	30 c.
Mémorial Agenais.	30
AJACCIO. *Corse.* — Journal du département de la Corse.	30
Journal libre de Corse.	30
ALENÇON. *Orne.* — Journal d'Alençon.	30
AMIENS. *Somme.* — Abeille Picarde.	30
Le Glaneur.	30
Sentinelle Picarde.	30
ANGERS. *Maine-et-Loire.* — Gazette d'Anjou.	30
Journal de Maine-et-Loire.	30
ANGOULÊME. *Charente.* — Journal de la Charente.	30
ARRAS. *Pas-de-Calais.* — Courrier du Pas-de-Calais.	30
Propagateur du Pas-de-Calais.	30
AUBUSSON. *Creuse.* — Album de la Creuse.	30

Prix par ligne.

	Prix par ligne.
Auch. *Gers.* — Journal du Gers.	30 c.
Avignon. *Vaucluse.* — L'Écho de Vaucluse.	30
Bar-le-Duc. *Meuse.* — Écho de l'Est.	30
Journal de la Meuse.	30
Bayonne. *Basses-Pyrénées.* — Sentinelle de Bayonne.	30
Beauvais. *Oise.* — Journal de l'Oise.	30
Patriote de l'Oise.	30
Besançon. *Doubs.* — Gazette de Franche-Comté.	30
L'Impartial.	30
Blois. *Loir-et-Cher.* — Affiches, Annonces et Avis divers.	30
Bordeaux. *Gironde.* — Journal de la Guyenne.	40
L'Indicateur.	40
Mémorial Bordelais.	40
Boulogne. *Pas-de-Calais.* — Annotateur Boulonnais.	30
La Boulonnaise.	30
Bourg. *Ain.* — Journal de l'Ain.	30
Courrier de l'Ain.	30
Bourges. *Cher.* — Journal du Cher.	30
La Gazette du Berri.	30
Revue du Cher.	30
Brest. *Finistère.* — Le Finistère.	30
Caen. *Calvados.* — Journal de la Normandie.	30
L'Ami de la vérité.	30
Patriote du Calvados.	30
Pilote du Calvados.	40
Calais. *Pas-de-Calais.* — Journal de Calais.	30
L'Indicateur.	30
Cambrai. *Nord.* — Feuille de Cambrai.	30
Chalons. *Marne.* — Journal de l'Aube et de la Marne.	30
Journal de la Marne.	30
Chalons. *Saône-et-Loire.* — Gazette de Bourgogne.	30
Patriote de Saône-et-Loire.	30
Chartres. *Eure-et-Loir.* — Le Glaneur.	30
Nouveau Journal d'Eure-et-Loir.	30
Chaumont. *Haute-Marne.* — Courrier de la Haute-Marne.	30
Journal de la Haute-Marne.	30
Le Citoyen.	30

Prix par ligne.

CLAMECY. *Nièvre.* — L'Indépendant. . . . . 30 c.
CLERMONT-FERRAND. *Puy-de-Dôme.* —Gazette d'Auvergne. . . 30
          L'Ami de la Charte. . . 30
          Le Patriote du Puy-de-Dôme. 30
DIEPPE. *Seine-Inférieure.* — Feuille ou Journal de Dieppe. . . 30
DIJON. *Côte-d'Or.* —Journal politique de la Côte-d'Or. . . . 30
      Le Patriote de la Côte-d'Or. 30
      Le Spectateur. 30
DOUAI. *Nord.* — L'Indicateur du Nord. 30
     Mémorial de la Scarpe. 30
DUNKERQUE. *Nord.* — Feuilles d'annonces. 30
ÉPINAL. *Vosges.* — La Sentinelle des Vosges.. 30
EVREUX. *Eure.* — Patriote de l'Eure. 30
FALAISE. *Calvados.* —Journal de Falaise. 30
FÉCAMP. *Seine-inférieure.* —Feuille de Fécamp. 30
FOIX. *Arriège.* —Journal de l'Arriège. 30
FONTENAY-LE-COMTE. *Vendée.* — Feuille d'Annonces, Avis divers. 30
GRENOBLE. *Isère.* — Le Dauphinois. 30
     Journal de Grenoble. 30
GUÉRET. *Creuse.* — Journal de la Creuse. 30
HAVRE (LE). *Seine-Inférieure.* — Journal du Hâvre. . . . 40
LAON. *Aisne.* — Journal de l'Aisne. 30
    Observateur de l'Aisne. 30
LISIEUX. *Calvados.* — Le Lexovien. 30
LILLE. *Nord.* —Le Nord, Gazette constitutionnelle de Lille. . 40
    L'Écho du Nord. 40
    La Boussole. 40
LIMOGES. *Haute-Vienne.* — Annales de la Haute-Vienne. . . 30
     L'Ami des lois. 30
     Le Contribuable. 30
LYON. *Rhône.* — Journal du Commerce. 40
    Le Précurseur. 40
    Gazette du Lyonnais. 40
MACON. *Saône-et-Loire.* — Journal de Saône-et-Loire. . . . 30
MANS (LE). *Sarthe.* — Courrier de la Sarthe. 30
    Écho de la Sarthe. 30

Prix par ligne.

Marseille. *Bouches-du-Rhône.* — Feuille de Commerce. . . 40 c.

                     Gazette du Midi. 40

                     Le Garde National. 40

                     Le Messager. 40

                     Le Sémaphore. 40

Mende. *Lozère.* — Journal du département de la Lozère. . . 30

Metz. *Moselle.* — Courrier de la Moselle. 30

            Indicateur de l'Est. 30

            Indépendant. 30

Mézières. *Ardennes.* — Journal des Ardennes. 30

            Le Sanglier des Ardennes. 30

Montauban. *Tarn-et-Garonne.* — Journal d'Affiches administratives et judiciaires du département de Tarn-et-Garonne. . . . 30

Mont-de-Marsan. *Landes.* — Journal des Landes. 30

Montpellier. *Hérault.* — Courrier de l'Hérault. 40

            Mélanges Occitaniques. 40

            Sentinelle de l'Hérault. . . . 40

            Véridique de l'Hérault. 40

Moulins. *Allier.* — Gazette Constitutionnelle de l'Allier. . . 30

            Journal de l'Allier. 30

Nancy. *Meurthe.* — Courrier Lorrain. 30

            Journal de la Meurthe. 30

Nantes. *Loire-Inférieure.* — L'Ami de la Charte. 40

            L'Ami de l'Ordre. 40

            Feuille Commerciale. 40

            Le Breton. 40

            L'Union. 40

Neufchatel. *Seine-Inférieure.* — l'Écho de la Vallée de Bray. . 30

Nevers. *Nièvre.* — Gazette du Nivernais. 30

            Le Garde National. 30

Nimes. *Gard.* — Constitutionnel du Gard. 30

            Courrier du Gard. 30

            Journal du Gard. 30

Niort. *Deux-Sèvres.* — Nouvelle Sentinelle des Deux-Sèvres. . 30

Orléans. *Loiret.* — Journal du Loiret. 30

            Le Garde National du Loiret. 30

            L'Orléanais. 30

5

Prix par ligne.

PAU. *Hautes-Pyrénées.* — Mémorial des Pyrénées. . . . . . . 30 c.

PÉRIGUEUX. *Dordogne.* — Écho de Vesone. 30

       Journal des Maires. 30

       Narrateur Périgourdin. 30

PERPIGNAN. *Pyrénées-Orientales.* —Journal des Pyrénées-Orientales. 30

POITIERS. *Vienne.* — Gazette de l'Ouest.. 30

       Patriote de l'Ouest. 30

PRIVAS. *Ardèche.* — Journal du département de l'Ardèche. . . 30

PUY (LE). *Haute-Loire.* — Journal de la Haute-Loire. . . . 30

RENNES. *Ille-et-Vilaine.* — Auxiliaire breton. 30

       Gazette de Bretagne. 30

RIOM. *Puy-de-Dôme.* — Courrier de la Limagne. 30

ROCHEFORT. *Charente-Inférieure.* — Annonces diverses de la ville

       de Rochefort. . . . . . 30.

ROCHELLE (LA). *Charente-Inf.* — Journal de la Charente-Inférieure. 30

RODEZ. *Aveyron.* — Bulletin de l'Aveyron. 30

ROUEN. *Seine-Inférieure.* — Écho de la Seine-Inférieure. . . . 40

       Gazette de Normandie. 40

       Journal de Rouen. 40

SAINT-ÉTIENNE. *Loire.* — Mercure Ségusien. 30

SAINT-OMER. *Pas-de-Calais.* — Mémorial artésien. 30

SAINT-QUENTIN. *Aisne.* — Le Guetteur. 30

SAUMUR. *Maine-et-Loire.* — Feuille de Saumur. 30

STRASBOURG. *Bas-Rhin.* — Correspondant de Strasbourg. . . . 40

       L'Alsace constitutionnelle. 40

       L'Alsacien. . . . . 40.

       Le Courrier du Bas-Rhin. 40

TOULON. *Var.* — L'Aviso. 30

TOULOUSE. *Haute-Garonne.* — France méridionale. 40

       Gazette du Languedoc. . . . 40

       Journal de Toulouse et de la Haute-

       Garonne. 40

       Mémorial de Toulouse. . . . 40

TOURS. *Indre-et-Loire.* — Journal d'Indre-et-Loire. 30

TROYES. *Aube.* — Journal de l'Aube. 30

       Le Progressif. 30

VALENCE. *Drôme.* — Journal de la Drôme. 30

Prix par ligne.

VALENCIENNES. *Nord.* — Le Courrier du Nord. . . . . 30 c.

          L'Écho de la frontière. 30

VERSAILLES. *Seine-et-Oise.* — Journal de Seine-et-Oise. . . . 30

          Le Vigilant. 30

VESOUL. *Haute-Saône.* — Journal de la Haute-Saône. 30

Il existe en outre des Feuilles d'Affiches, Annonces et Avis divers dans beaucoup d'autres villes de France ; la nomenclature en serait trop longue ; l'*Office-Correspondance* se charge pour toutes des insertions d'Annonces au prix commun de 3o centimes la ligne.

PAYS ETRANGERS.

Prix par ligne.

ANVERS. *Belgique.* — Journal du Commerce. . . . . 60 c.

AUGSBOURG. *Bavière.* — Gazette Universelle d'Augsbourg. . . 60

BERLIN. *Prusse.* — Gazette d'État de Prusse. 60

BRUXELLES. *Belgique.* — Moniteur Belge. 60

          Le Belge. 60

          Le Courrier. 60

          Journal de la Belgique. 60

          L'Émancipation. 60

          Le Lynx. 60

          L'Indépendant. 60

CHAMBÉRY. *Sardaigne.* — Journal de Savoie. 60

FRANCFORT. *Ville-Libre.* — Journal de Francfort. 60

FRIBOURG. *Suisse.* — Le Véridique. 50

GAND. *Belgique.* — Journal des Flandres. 60

          Messager de Gand. 60

GENÈVE. *Suisse.* — Journal de Genève. 50

GENÈVE. *Suisse.* — La Sentinelle Genevoise. 50

HAMBOURG. *Ville-Libre.* — Correspondant Impartial. 60

LA HAYE. *Hollande.* Journal de La Haye. 60

Prix par ligne.

LAUSANNE. *Suisse.* — Nouvelliste Vaudois. . . . . 50 c.

                Gazette de Lausanne. 50

                Gazette Vaudoise. 50

LEIPSICK. *Saxe.* — Gazette de Leipsick. 60

LIÉGE. *Belgique.* — Le Politique. 60

LONDRES (1). *Angleterre.* — The Courier. 1 60

                   The Times. 1 60

                   The Morning Chronicle. . . 1 60

                   The Sun. 1 60

                   The Globe. 1 60

                   The Standard. 1 60

                   John Bull. 1 60

                   The Court Journal. . . 1 60

                   The Albion. 1 60

                   The Age. 1 60

                   The Examiner. 1 60

MUNICH. *Bavière.* — Tribune Allemande. 60

NEW-YORK. *Amérique.* — Mercantile Advertiser. 1 50

NUREMBERG. — Correspondant de Nuremberg. 60

SAINT-PÉTERSBOURG. *Russie* — Journal de Saint-Pétersbourg. . . 60

STUTTGARD. *Wurtemberg.* — Mercure de Souabe. 60

VIENNE. *Autriche.* — Observateur Autrichien. 75

L'*Office-Correspondance* est en relation avec beaucoup d'autres Journaux étrangers qu'il serait trop long d'énumérer ici; on peut en prendre connaissance dans les bureaux, situés rue Notre-Dame-des-Victoires, n°. 16.

Il ne faut pour chaque Annonce qu'une seule copie, avec l'indication exacte des Journaux où l'on désire qu'elle soit insérée : l'*Office-Correspondance* se charge de les traduire en langues étrangères, sans augmentation de prix. Les titres et les lignes en gros caractères sont évalués pour le nombre de lignes ordinaires compris dans le même espace.

---

(1) Pour les Journaux anglais on ne fait aucune annonce au-dessous de dix francs.

www.ingramcontent.com/pod-product-compliance
Lightning Source LLC
Chambersburg PA
CBHW051247030726
47595CB00003B/1121